AF290330

Analyse de l'œuvre

Par Natalia Torres Behar

Le Monde d'hier

de Stefan Zweig

lePetitLittéraire.fr

Rendez-vous sur lepetitlitteraire.fr et découvrez :

Plus de 1200 analyses
Claires et synthétiques
Téléchargeables en 30 secondes
À imprimer chez soi

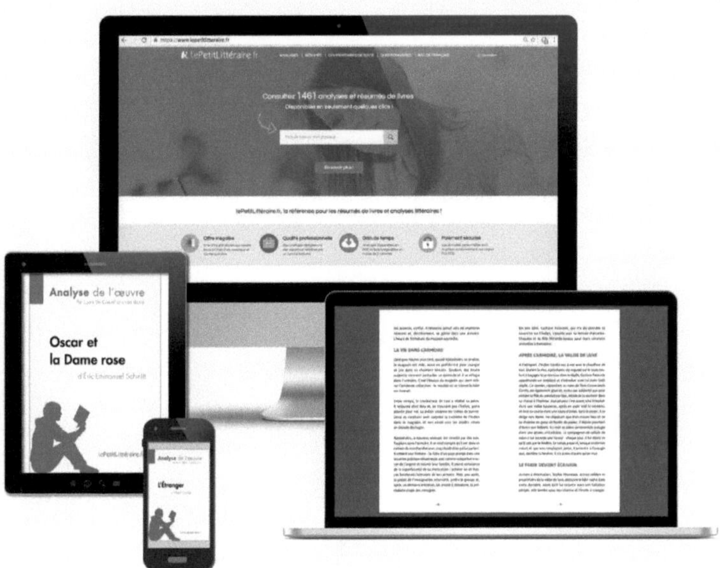

STEFAN ZWEIG

TÉMOIGNAGE DU XXᵉ SIÈCLE

- **Né en 1881 à Vienne (Empire austro-hongrois)**
- **Décédé en 1942 à Rio de Janeiro (Brésil)**
- **Quelques-unes de ses œuvres :**
  - *Jérémie* (1914), pièce de théâtre
  - *Marie-Antoinette* (1932), biographie
  - *Le Joueur d'échecs* (1941), roman

Stefan Zweig est un essayiste, biographe, romancier, poète, traducteur, collectionneur de manuscrits et, surtout, un fervent militant de l'unification spirituelle de l'Europe. Il nait à Vienne au sein d'une famille juive aristocrate aisée. Grandissant avec tous les privilèges de la classe supérieure, il étudie à l'université de Vienne et devient docteur en philosophie. Dès son plus jeune âge, il montre un grand intérêt pour la littérature, notamment la poésie et le théâtre. Son premier recueil de poèmes, *Cordes d'argent*, lui vaut la reconnaissance de tous les Viennois amoureux des arts.

Bien qu'il vive dans un milieu très confortable avec ses parents, entouré de gens qui l'aiment et qui l'admirent, Zweig décide, à l'université, de quitter son cercle proche et partir à la découverte du monde. Il part ainsi pour Paris, où il fait la rencontre des écrivains bohèmes de l'époque, pour Berlin, où il fréquente tous les milieux sociaux, et pour New York, où il comprend que ce pays est l'avenir du monde. Il découvre, en outre, tous les recoins d'Europe et considère qu'il est nécessaire de créer une grande identité européenne supranationale.

Après ses voyages, il retourne à Vienne où éclate la Première Guerre mondiale faisant disparaitre l'Empire austro-hongrois. Témoin des terribles évènements qui touchent son pays, Zweig, un pacifiste et antinationaliste convaincu, décide de s'installer à Zurich, un havre de paix où la pensée et la cohabitation de personnes originaires de pays ennemis est possible et où il peut écrire et dénoncer la guerre avec plus de liberté. À la fin du conflit, il retourne en Autriche et s'installe dans sa maison de campagne à Salzbourg. De 1924 à 1933, il vit ses années les plus tranquilles, productives et renommées. Mais la montée au pouvoir d'Hitler et la persécution des Juifs l'obligent à quitter, une fois de plus, son pays et cette fois-ci, pour toujours. Suite à l'invasion de l'Autriche et de la Pologne par l'Allemagne au début de la Seconde Guerre mondiale, il part pour Londres et devient un exilé ; l'Allemagne étant l'ennemi numéro un des Anglais. Ses voyages l'emmènent finalement au Brésil, où il se suicide à l'âge de 60 ans.

POPULARITÉ

Stefan Zweig est l'un des écrivains européens (et autrichiens) les plus célèbres de son époque. Sa popularité dans les années 1920 et 1930 est comparable à celle de Sigmund Freud, Thomas Mann, George Bernard Shaw et Albert Einstein. Cependant, en raison de son identité juive, les nazis brulent et interdisent ses livres et, après sa mort en 1942, il est peu à peu oublié. Aujourd'hui, sa mémoire est honorée dans certains cercles académiques mais, malgré son importance historique et l'énorme popularité qu'il a connue de son vivant, il est totalement inconnu de la majorité du grand public.

LE MONDE D'HIER

SOUVENIRS D'UN EUROPÉEN

- **Genre :** autobiographie, récit historique, *Künstlerroman*
- **Édition de référence :** *Le Monde d'hier*, Paris, Gallimard, coll « Folio essais », 2016, 592 p.
- **Première édition :** 1942
- **Thèmes :** le passé face au présent, la confiance aveugle en la raison et le futur, le judaïsme, l'art comme valeur suprême

Cette autobiographie de Zweig, publiée à titre posthume, est une radiographie de l'Europe de la fin du XIXe siècle et de la première moitié du XXe siècle. L'auteur y relate les jours heureux de son enfance et de sa jeunesse durant lesquels Vienne était le centre du monde et les jeunes croyaient en le progrès et l'humanité. Jamais avant cela, les gens n'avaient été en si bonne santé, heureux et créatifs. À l'époque, les progrès scientifiques sont considérables et la paix règne sur le continent. Pourtant, les nuages sombres de la guerre ne tardent pas à apparaître et Zweig en est le témoin.

Le Monde d'hier raconte, du point de vue d'un Juif autrichien, la transformation de l'Europe par les deux guerres. Il retrace les horreurs et les destructions qu'a subies l'Autriche, rapidement réduite au statut de petit pays après avoir été un si grand empire, la surprise et la consternation de tous face à l'arrivée de la guerre, mais aussi l'enthousiasme du peuple et la rapide exacerbation des nationalismes et de la haine.

On y découvre comment la foi et l'espoir disparaissent à l'arrivée de la Seconde Guerre mondiale, lorsque les Européens pensent que le pire est derrière eux, qu'ils peuvent à nouveau vivre tranquillement, redonner un sens à leur vie, lorsqu'ils comprennent que la volonté de vivre est plus grande que la défaite et qu'ils se promettent qu'il n'y aura plus jamais pareille guerre. Cette autobiographie illustre le souvenir d'une époque plus belle, plus optimiste et plus heureuse, mais constitue également le témoignage d'une utopie qui aurait pu devenir réalité mais qui sera finalement réduite en cendres.

RÉSUMÉ

UNE JEUNESSE HEUREUSE

Stefan Zweig est un jeune aristocrate juif comme beaucoup à l'époque. Il grandit dans une société qui prône une politique sécuritaire et qui pense que le meilleur moyen de la maintenir est de préserver les valeurs et les traditions de l'Empire enseignées à l'école. Comme tous les nobles, notamment les Viennois, Zweig se rend régulièrement au théâtre et dans les cafés, profitant d'une vie raffinée, cultivée avec effort :

> « Gourmet au sens culinaire du terme, sachant apprécier le bon vin, l'amertume d'une bière fraîche, la richesse des pâtisseries et des tartes, on était également exigeant, dans cette ville, en matière de plaisirs plus subtils. Faire de la musique, de la danse, du théâtre, converser, se conduire avec goût et civilité, c'était ici tout un art que l'on pratiquait avec soin. » (ZWEIG (S), *Le Monde d'hier*, 2016)

Au début du XXe siècle, Vienne est une ville cosmopolite, visitée par des étrangers de tous les milieux qui la considèrent comme la capitale mondiale de la culture. L'art, d'après Zweig, est alors la valeur suprême pour les Viennois qui, en ouvrant le journal, ne se préoccupent pas de la politique ou de l'économie, mais de la pièce de théâtre qui se joue le soir-même. Zweig connait une certaine renommée lorsque, récemment diplômé de l'université, il publie son premier recueil de poèmes et écrit pour le quotidien le plus réputé du moment grâce à son éditeur, Theodor Herzl, qui croit en son talent. C'est une vraie réussite pour Zweig, mais aussi pour ses proches et particulièrement ses parents, qui l'autorisent à partir vivre à Berlin.

Il passe six mois à Berlin où il comprend la différence fondamentale entre les Autrichiens et les Allemands (ces derniers, d'après lui, ont un esprit économe, presque avare, et préfèrent l'ordre à la liberté et au droit) et fait la rencontre de personnes très différentes de lui, issues de toutes les classes sociales avec qui il cohabite harmonieusement. Il prend ensuite la direction de Paris où il découvre la vie bohème de l'époque et se lie d'amitié avec Rilke et d'autres poètes qui veulent vivre de cet art. Il y rencontre aussi de célèbres écrivains, participe à des débats et consacre la majeure partie de son temps à traduire des grands auteurs dans l'espoir d'en apprendre suffisamment sur la vie et la littérature pour un jour pouvoir écrire.

LA MATURITÉ ET LA GUERRE

1914. C'est l'été et Zweig est en vacances. Il veut profiter du beau temps pour se reposer quelques jours en Allemagne et ensuite rendre visite à son ami Émile Verhaeren dans sa maison de campagne en Belgique. Mais un beau jour ensoleillé du mois de juin, il apprend que l'archiduc François-Ferdinand vient d'être assassiné à Sarajevo.

Au début, les Autrichiens n'y accordent pas une grande importance. François-Ferdinand, l'héritier du trône, n'était pas particulièrement aimé du peuple, qui le considérait comme un homme froid et peu aimable. Son assassinat suscite une peur soudaine, mais est vite oublié. Pourtant, si la majorité de la population ne l'appréciait pas, les conflits en Europe génèrent de plus en plus de tensions et l'assassinat constitue le prétexte idéal. La semaine qui suit voit se succéder menaces, craintes et différends diplomatiques, mais sans plus : tout le monde est convaincu que les tensions se résoudront rapidement. Malgré tout, les mauvaises nouvelles ne cessent de tomber et sont toujours plus inquiétantes. Petit à petit, des pays comme la Belgique commencent à mobiliser leurs armées aux frontières, craignant des pays plus puissants comme l'Allemagne.

C'est alors que l'Autriche, poussée par la presse internationale, déclare la guerre à la Serbie. Zweig décide de s'y rendre pour voir ce qu'il s'y passe. Il traverse alors la frontière et découvre un tout autre monde : dans une Vienne qui ressemble à une fête, les habitants sont enthousiastes, les jeunes hommes s'engagent dans l'armée et les poètes et artistes font l'éloge de la guerre et de ses vertus. Personne ne croit un instant qu'ils peuvent perdre ou que la guerre puisse durer si longtemps.

Zweig ne partage pas cette excitation, qu'il considère dès le début comme insensée. Durant les premiers mois, il décide de chercher des esprits parmi les journalistes qui, comme lui, veulent créer une fraternité spirituelle. Mais en vain. Le conflit prend chaque jour plus d'ampleur, emportant avec lui les illusions et l'engouement du début. Quand il comprend qu'il ne peut rien faire, Zweig se réfugie à Zurich, en territoire neutre. Il y vit quelques mois durant lesquels il retrouve le plaisir de partager des moments avec les autres et décide d'écrire en faveur du pacifisme, une mission qu'il conduira toute sa vie.

Lorsqu'il apprend que la guerre est finie et que l'Autriche a déposé les armes, il considère qu'il est de sa responsabilité de retourner dans son pays détruit. Ce qu'il découvre en montant dans le train qui l'amène à Salzbourg le terrifie : le contraste entre les vieux trains autrichiens délabrés et les trains suisses est impressionnant. Les contrôleurs autrichiens, qui aident les passagers à s'installer, sont maigres et négligés, vêtus d'uniformes usés. Ils paraissent affamés et trainent des pieds à travers les wagons miteux. Les sangles en cuir qui servaient à ouvrir et fermer les fenêtres, ainsi que les housses de sièges de la même matière, d'une grande valeur, ont été arrachées. Les fenêtres, brisées, laissent entrer le vent froid de l'automne. Ce n'est finalement pas plus mal car la fumée et la suie atténuent l'odeur de mort et de maladie qui a investi les voitures ayant transporté les victimes pendant la guerre. Il n'y a presque plus de charbon pour alimenter les locomotives et celles-ci restent donc bloquées, incapable de monter ne serait-ce que de petites collines. Et ça, ce n'est que le premier choc.

S'ensuivent plusieurs années de pénuries et de difficultés. La république nouvellement constituée s'effondre et l'inflation atteint des records. Les prix doublent en une journée, la contrebande sévit et l'argent n'a plus aucune valeur.

LE CALME AVANT LA TEMPÊTE

Si tout semblait perdu d'avance, l'Autriche parvient toutefois à se ressaisir, de même que le reste de l'Europe. Zweig passe les années 1920 à Salzbourg, dans sa maison de campagne, entouré d'amis et d'admirateurs. Cette ville devient à cette époque le nouveau centre culturel et tout le monde veut s'y rendre. Zweig est invité à donner des conférences en Europe occidentale, aux États-Unis, en Russie et en Amérique latine. Ses romans et biographies se vendent par millions en Allemagne et ses œuvres sont traduites en plusieurs langues. Il rédige également un opéra avec l'un des compositeurs les plus populaires du moment et adoré des nazis, Richard Strauss.

Malgré les apparences, Zweig s'aperçoit de l'arrivée progressive, dans plusieurs villes européennes, de groupes de jeunes bien entrainés, armés et vêtus d'un uniforme qui semblent vouloir étouffer les mouvements ouvriers. Ce sont les nationaux-socialistes.

Du jour au lendemain, un soldat inconnu du nom d'Hitler commence à gagner en importance et à réunir de plus en plus d'adeptes. Des milliers d'Allemands l'idolâtrent car il promet de rétablir l'économie et d'en finir avec le communisme. Si au début, Zweig n'accorde pas beaucoup d'attention à cet homme et à ses discours de haine, il se rend très vite compte que certains de ses amis ne lui rendent plus visite et que de nombreux autres ne veulent pas être vus en public avec lui.

Un jour, la police arrive au pas de sa porte pour réquisitionner son logement ; une insulte, pour Zweig, qui a grandi avec toutes les libertés du XIXe siècle. Il décide de partir en Angleterre pour prendre quelques jours de repos et fuir cette atmosphère tendue que respire l'Autriche. Il renoue là-bas des liens d'amitié avec Sigmund

Freud, qu'il avait déjà rencontré plusieurs fois. Mais alors qu'il est en Angleterre, la situation se complique en Autriche qui ne sait comment se défendre face à une Allemagne de plus en plus menaçante.

Zweig décide alors qu'il est plus sûr de rester à Londres. C'est de là qu'il témoigne de l'entrée en guerre de l'Angleterre contre l'Allemagne et qu'il se rend compte qu'il sera très vite rejeté parce que Juif et parce qu'il n'a pas de patrie. Avec son épouse, fatigués, désespérés et exilés, ils partent pour l'Amérique latine où Zweig écrira son auto-biographie avant de se donner la mort, persuadé qu'Hitler gagnera la guerre.

Voisin de l'ennemi

Lorsque Zweig vit à Salzbourg, il est voisin d'Hitler sans le savoir. En effet, Salzbourg se trouve à la frontière entre l'Autriche et l'Allemagne, en face des montagnes allemandes. Celles-ci abritent un village du nom de Berchtesgaden où se situe le Berghof, la résidence secondaire d'Hitler. Cette région constitue par conséquent le cœur des activités de la naissance du nazisme auxquelles Zweig n'accorde alors que peu d'importance.

ÉTUDE DES PERSONNAGES

Étant donné qu'il s'agit d'une autobiographie, tous les personnages de cette œuvre sont réels. Plus important encore : comme Zweig est un écrivain très célèbre, la plupart des personnes qu'il fréquente sont des intellectuels. Le lecteur ne doit donc pas être surpris s'il rencontre dans ce livre des grandes figures du XXᵉ siècle.

STEFAN ZWEIG

Le protagoniste et l'auteur du livre est un aristocrate juif. Curieux et sensible depuis tout petit, il a toujours aimé la littérature et les arts en général. Il se consacre ainsi à l'écriture et s'essaie à tous les styles : essais, poèmes, biographies, pièces de théâtre et romans. Noble et altruiste, Zweig passe une grande partie de sa vie à travailler pour des écrivains et des artistes qu'il admire et à traduire leurs œuvres.

Dans sa vie privée, c'est un homme simple et exigeant avec lui-même qui apprécie que l'on reconnaisse son travail plutôt que sa personne. Face à la célébrité, il éprouve donc des sentiments ambivalents. Même s'il connait la richesse et le luxe grâce à ses parents, son travail et sa popularité, il sait également ce qu'est la misère, surtout pendant les deux guerres mondiales. C'est pendant ces temps difficiles qu'il devient un pacifiste convaincu qui croit en la grandeur de l'être humain et en sa capacité de lutter contre les nationalismes.

THEODOR HERZL

Theodor Herzl, d'âge plus mûr, est également d'origine juive. Il présente un grand front, des traits fins et une longue barbe noire de prêtre. Ses yeux, mélancoliques, sont d'un bleu très intense. C'est un homme digne et bienveillant aux expressions quelque peu théâtrales.

Lorsque Zweig fait sa rencontre, il n'est pas encore le célèbre créateur du sionisme que l'on connait, mais l'éditeur du quotidien *Neue Freie Presse*. Il y publie certains des premiers textes en prose de Zweig et en fait publiquement l'éloge.

ÉMILE VERHAEREN

Large front, cheveux frisés gris, visage tanné, long menton, petites mains habiles mais fortes contrastant avec ses larges épaules de paysan. D'un regard clair et bienveillant, Verhaeren est un homme ouvert d'esprit, enthousiaste et aimable, avec une énorme volonté de vivre. Il est sûr de lui sans être prétentieux, complètement libre et indépendant et ne se laisse pas emporter par la tentation de la célébrité.

Bien que son nom soit quelque peu tombé dans l'oubli, Verhaeren est un poète belge reconnu du début du XXe siècle et l'un des fondateurs du symbolisme. C'est un grand admirateur de la modernité et des nouvelles inventions ; comme en témoigne explicitement sa poésie qui voit d'un bon œil les progrès humains et qui en fait l'éloge.

SIGMUND FREUD

Freud est l'un des plus proches amis de Zweig. C'est un homme aux yeux foncés, au regard sincère et serein et au visage fin. Son grand esprit en fait une personne déterminée et méticuleuse.

Il est quelque peu revêche, mais moralement inébranlable et prudent dans ses déclarations.

C'est un fanatique de la vérité et il n'hésite pas à aller à l'encontre des convictions morales si celles-ci ne lui semblent pas honnêtes. Modeste et intrépide, il dit toujours ce qu'il pense et a le courage moral d'être fidèle à lui-même, coute que coute. Zweig a toujours considéré Freud, le père de la psychanalyse, comme l'homme à l'origine d'une véritable révolution spirituelle.

RICHARD STRAUSS

D'après Zweig, Richard Strauss a un visage ordinaire, aux joues épaisses et infantiles, et des traits ronds. Ses yeux bleu clair, vifs et rayonnants transmettent une force magique particulière. C'est un homme franc et sûr de lui, qui a une objectivité abstraite et sereine, même lorsqu'il s'agit de critiquer ses propres œuvres. Il n'est satisfait que lorsqu'il travaille par lui-même et se méfie des autres, ce qui se remarque dans sa façon d'écrire stricte, méthodique, solide et sans émotions.

Zweig collabore avec Strauss pour le montage d'un opéra. Il a beaucoup d'estime pour lui et Strauss refuse de lui voler la vedette. En raison l'origine juive de Zweig, Hitler et le Parti national-socialiste voient d'un mauvais œil la nouvelle création de Strauss. Toutefois, ils respectent tellement ce dernier et l'opéra est si aseptisé, si pauvre en contenu susceptible d'être considéré comme immoral, qu'ils n'ont d'autre choix que d'autoriser sa présentation.

RAINER MARIA RILKE

Seuls les yeux bleus de Rilke ressortent de son visage peu expressif. Selon Zweig, il a une âme très sensible qui lui donne un grand sens de l'esthétique, de l'ordre et du gout. Pour lui, le rangement et la propreté sont absolument essentiels. C'est un homme silencieux et énigmatique qui préfère passer inaperçu et éviter la foule et la célébrité. Il est peu avenant et semble toujours être de passage dans ce monde : non seulement il est réservé, mais il n'a pas non plus de domicile ou de travail fixes. Tomber sur lui est donc toujours un hasard chanceux.

CARACTÉRISTIQUES DE L'ŒUVRE

GENRE

Même si tout le monde s'accorde pour dire que ce texte est une autobiographie, comme en témoigne le sous-titre « Souvenirs d'un Européen », nous considérons qu'il est important de discuter et compléter cette idée en ajoutant quelques observations.

Autobiographie ou mémoires ?

Ces deux termes sont très souvent utilisés pour désigner la même idée : des récits écrits à la première personne dans lesquels l'auteur raconte ses expériences et dévoile sa personnalité. Ils se différencient toutefois par le laps de temps qu'ils couvrent. L'autobiographie constitue un récit complet de la vie de l'écrivain, tandis que les mémoires se concentrent sur un évènement ou une époque spécifiques. Dans le cas de cette œuvre-ci, nous pouvons parler d'autobiographie dans la mesure où Zweig relate toute sa vie. Cependant, en raison du sous-titre et de la perspective du texte, celle de la transformation de l'Europe par les deux guerres, nous pourrions également parler de mémoires : l'auteur veut, par-dessus tout, parler du changement qui s'est opéré à cette époque et dont il est le témoin.

Par ailleurs, une autobiographie raconte, en général, la vie privée de l'écrivain, ses sentiments et ses émotions, ses relations et ses secrets les plus intimes. Ce qui n'est pas le cas de Zweig. Il ne s'agit pas seulement du fait qu'il parle de cette époque particulière qui l'a touché et de la relation étroite et inévitable entre sa vie privée et l'histoire de l'Europe, mais également de son style. Le texte de Zweig ne présente pas un ton intime, ni des confessions, bien qu'il parle d'évènements de sa vie privée, mais bien un style descriptif. Il tente d'exposer de la façon la plus fidèle possible la vie culturelle et morale en Autriche (et en Europe) avant, pendant et après la guerre, il mentionne de célèbres intellectuels de l'époque et parle de l'influence qu'ils ont eu sur lui, discute de politique et décrit les changements économiques et sociaux.

Les histoires de son enfance et de sa jeunesse et les descriptions de son foyer et de ses parents ne servent pas particulièrement à décrire qui il est, mais à relater une époque : on y découvre la Vienne d'avant-guerre, une ville florissante pleine de théâtres, de librairies, de cafés et d'artistes où tous estiment sa culture. Mais l'on découvre également une ville habitée par une classe supérieure riche et hypocrite qui méprise le sexe tout en le faisant en cachette, qui considère les femmes comme inférieures et qui ne conçoit pas la transgression de classe. De même, les histoires à l'âge adulte ne cherchent pas seulement à dépeindre sa vie sentimentale et ses amis proches (tous des intellectuels renommés), sa peur de la guerre ou ses difficultés en exil, mais aussi à décrire la guerre, les changements soudains qu'elle occasionne et la désillusion qu'elle provoque chez toute une génération.

Récit historique ?

Comme l'explique Zweig dans le prologue,

> « À moi seul, j'ai été contemporain des deux plus grandes guerres de l'humanité et j'ai même vécu chacune d'elles sur un front différent, l'une côté

allemand, l'autre antiallemand. Avant-guerre, j'ai connu le plus haut degré et la plus haute forme de liberté individuelle, et ensuite leur plus bas niveau depuis des siècles ; j'ai été célébré et cloué au pilori, libre et asservi, riche et pauvre. » (ZWEIG (S), *Le Monde d'hier*, p.21)

La génération de Zweig vit les moments les plus difficiles du XXe siècle ; mais il en est particulièrement touché et de façon plus directe. Pourquoi ? Car Zweig est Viennois et juif. Par conséquent, pendant les deux guerres mondiales, il est au cœur du conflit pour l'une ou l'autre raison. Durant la première, les tensions entre l'Empire austro-hongrois, sous la domination des Habsbourg depuis 800 ans, et ses provinces séparatistes (peuplées de Tchèques, de Serbes et de Roumains) déclenchent la guerre qui se termine par la chute de l'Empire, l'exil de l'empereur et la création de l'Autriche comme république. Une petite république appauvrie par la guerre dont la capitale, Vienne, ne constitue plus le centre culturel que l'écrivain connaissait si bien. Durant la deuxième, en raison de la volonté d'Hitler de conquérir l'Autriche et de son origine juive, Zweig est la cible de persécutions et d'attaques qui le font fuir en Angleterre. Il y mène une existence paisible un certain temps, mais devient un ennemi lorsque l'Angleterre déclare la guerre à l'Allemagne.

L'épisode de la gare en est un bon exemple. À la fin de la Première Guerre mondiale, Zweig décide de rentrer en Autriche. Il sait que la situation y est compliquée mais considère qu'il doit fidélité à son pays et qu'il est de sa responsabilité de retourner y travailler. Ainsi, il prend un train au départ de la Suisse. Au cours du voyage, il doit changer de train dans une gare frontalière, mais lorsqu'il arrive, il se retrouve face à une image dont il se souviendra toute sa vie. Tous les gardes de la gare sont alignés debout sur le quai pendant que des centaines de personnes toutes de noir vêtu se rapprochent et attendent, attristées. C'est alors que s'arrête en gare un vieux train dans lequel se trouve le dernier empereur des Habsbourg et son épouse, qui avaient été contraints de quitter l'Autriche pour toujours. Toutes ces personnes sont là pour faire leurs adieux à l'empereur mais aussi, d'une certaine façon, à leur vie d'avant.

Künstlerroman ?

Le genre de *Bildungsroman* fait référence aux romans dont les éléments clés sont la formation et le développement physique, moral et psychologique d'un personnage de son enfance à l'âge adulte. Le *Künstlerroman* est un sous-genre de celui-ci et s'en différencie car le personnage en formation est un artiste. Ainsi, ce type de roman raconte son enfance, généralement une période d'exploration durant laquelle l'artiste en devenir éveille sa sensibilité et son goût pour l'art (dans cas-ci : la littérature) ; une période de découverte du talent où l'artiste débute son parcours, relate ses premières expériences et ses premiers succès ; et enfin, une période d'accomplissement pendant lequel l'artiste devient célèbre et reconnu, mais atteint surtout la perfection artistique.

Ainsi, nous pouvons dire que, dans la mesure où le livre raconte la propre évolution de Zweig en écrivain, il constitue un *Künstlerroman* dans lequel nous apercevons clairement le développement et la transformation d'un homme en un artiste.

STYLE

Structure

Cette autobiographie est divisée en 17 chapitres dont les titres annoncent ce qui va suivre et révèlent cette culture humaniste qui a disparu après la Première Guerre mondiale. Nous notons par exemple : « Eros matutinus » (amour matinal), « Universitas Vitae » (université de la vie) ou « L'agonie de la paix ». Ils évoquent également ce passé idéalisé par Zweig de l'avant-guerre où tout allait pour le mieux et où le futur semblait prometteur.

Même si, dans l'ensemble, le texte est construit selon un ordre linéaire qui part de la description du contexte où nait et grandit Zweig à sa perte totale d'espoir de paix à l'arrivée de la Seconde Guerre mondiale et son déménagement en Amérique latine, nous observons de temps en temps des sauts temporels. Zweig écrit ce texte peu avant son suicide au Brésil. C'est pour cela qu'il passe de temps en temps de ses souvenirs du passé à sa situation actuelle et intègre ses impressions passées à celles du moment présent. Ses souvenirs sont tous des teintures de ses émotions obscures et pessimistes du présent, mais surtout de sa certitude sur le passé. Par conséquent, comme son auteur sait déjà ce qu'il s'est passé, le texte se change en un décompte de la transformation spirituelle de l'Europe que l'auteur ne peut voir que depuis le présent.

Langage

Comme mentionné plus haut, le ton de cette autobiographie est, en général, direct et peu expressif. Le langage est descriptif et, bien que l'auteur raconte des moments très difficiles de sa vie durant lesquels il a dû ressentir beaucoup d'émotions, le ton privilégie l'explication à l'émotion.

Le texte se rapporte plus à un documentaire historique qu'à une confession intime. Zweig ne semble pas vouloir exposer une analyse de sa vie et de son destin, mais plutôt une description fidèle de l'époque et de sa génération. Une génération née dans un monde convaincu du progrès, qui croit en l'humanité et qui meurt incapable d'accepter toutes les horreurs que l'homme est capable de commettre au nom d'une idéologie ; une génération pour laquelle l'histoire a un poids que nulle autre ne peut concevoir.

Pour ces raisons, l'autobiographie de Zweig est riche en descriptions détaillées de lieux, de traditions et de personnages historiques qui sont ses amis. On n'y rencontre non seulement des poètes, des musiciens et des artistes (qui nous donnent une idée du nombre d'esprits brillants qui vivent à cette époque et de l'ambiance culturelle qui habite le continent), mais également des hommes politiques, des philosophes et plusieurs leaders, témoignant des différentes idées qui se répandent en Europe.

ANALYSE DES THÈMES ET CLÉS DE LECTURE

PASSÉ VS. PRÉSENT

L'un des grands thèmes de l'autobiographie de Zweig et la raison principale de l'écriture de cette œuvre est la narration des changements que l'Europe a connus en moins de cinquante ans. Ceux-ci sont principalement sociaux et culturels et Zweig les remarque surtout entre sa génération et la suivante, vivant dans un monde de paradoxes comme jamais auparavant. Par exemple, d'après lui l'Europe n'avait jamais été aussi belle, prospère et confiante en le futur qu'avant la Première Guerre mondiale.

La génération d'avant-guerre n'est pas seulement idéaliste et rêveuse. Elle valorise aussi, et surtout, la sécurité, c'est pourquoi elle s'accroche aux traditions. Conservatrice et hypocrite, en ce qui concerne le sexe (un sujet tabou et déplacé considéré comme anarchique), elle bénéficie de bien plus de libertés individuelles que la génération d'après-guerre. Contrairement à cette dernière, Zweig n'est pas obligé de faire son service militaire et n'est pas tenté par la pratique de l'idéologie de masse. Il peut suivre ses propres idéaux et vivre sa vie comme il l'entend et de fa-çon plus individuelle. De plus, grâce à la confiance qui règne à l'époque, il vit dans un monde sans passeport, plus cosmopolite et ouvert à tous.

Les jeunes de l'après-guerre, eux, sont moins confiants et ne croient en rien. Ils sont désen-chantés, épuisés et découragés. Ils ne jouissent pas d'autant de libertés individuelles, essentielles pour Zweig, et ne croient pas en la guerre comme la génération précédente. Quand la Seconde Guerre mondiale éclate, personne ne l'accueille avec enthousiasme et optimisme comme pour la première. Ceci dit, ce découragement n'est pas entièrement négatif :

> « Toute une génération de jeunes avait cessé de croire en ses parents, en la politique et en ses enseignants ; elle lisait avec méfiance tout dé-cret et toute déclaration de l'État. La génération d'après-guerre s'émancipa brutalement de tout ce qui était en vigueur jusque-là et tourna le dos aux traditions, décidée à prendre en main son

propre destin, à s'éloigner du passé et à avancer avec force vers l'avenir[1] » (ZWEIG (S), *Le Monde d'hier* 2016)

Avec une telle désillusion, cette génération doit tout réinventer. On assiste ainsi, dans la période d'entre-deux guerres, à une époque de libération sexuelle. Tout le monde ne désire qu'une chose : profiter de la vie. Par ailleurs, la libération est vue comme une force particulière dans les arts et surtout pour les avant-gardistes : ces nouveaux talents veulent tout révolutionner. Les poètes abandonnent la métrique, les musiciens disent au revoir au rythme et les artistes se passent de la présentation. Tous profitent d'une liberté comme jamais. Bien que certains de ces changements choquent Zweig, il reconnait que plusieurs d'entre eux sont précieux d'un point de vue esthétique et contribuent, surtout, à un nouveau souffle et à la rénovation spirituelle nécessaire.

---

1. Ceci est une traduction non-officielle.

CROYANCE AVEUGLE EN LA RAISON ET LE FUTUR

L'un des autres grands paradoxes dont témoigne Zweig est ce qu'il appelle l'amélioration constante de la technique et de la dégradation humaine. Sa génération croit dur comme fer en la raison et considère que les avancées techniques et intellectuelles de l'époque, proches du divin, sont la preuve de la supériorité de l'homme.

Idéalistes, les membres de cette génération croient se diriger vers un monde meilleur et que le progrès technique se fait nécessairement en parallèle avec un progrès moral. Pourtant, la guerre, qu'ils reçoivent avec enthousiasme, leur montre rapidement qu'ils se sont trompés et que l'humanité, avec ses tranchées, a fait un très grand bond en arrière.

C'est à cause de cette croyance absolue en la raison, qui aveugle cette génération face aux dangers, que les hommes se sont anéantis comme jamais auparavant. La raison n'implique aucun progrès moral, au contraire : plus l'homme est intelligent, plus il s'auto-détruit.

JUDAÏSME

Même si Zweig se considère comme un citoyen du monde et ne croit pas aux nationalismes, il étudie les contributions des Juifs à la société autrichienne et, en raison de son destin, il ne peut se libérer entièrement d'un sentiment proche du patriotisme qui l'unie aux autres Juifs du monde en ces temps difficiles. En outre, il croit en la diaspora juive car il s'agit des personnes sans patrie liées par des liens bien plus forts ; la preuve que la liberté supranationale est possible.

Dans son autobiographie, Zweig les défend et les reconnait. Les Juifs constituent un élément clé à la création de la Vienne si sublime. La contribution culturelle d'académiciens, de peintres, de directeurs de théâtre, d'architectes, de journalistes, d'écrivains et de musiciens à la vie viennoise est immense. De même est le soutien que tous les arts reçoivent de la bourgeoisie juive de la ville. C'est grâce à elle que l'Autriche devient un centre artistique, culturel et libéral où tout le monde est le bienvenu.

Ainsi, l'intérêt de Zweig ne semble pas être seulement de prôner la place des Juifs dans la société autrichienne et son rôle dans la création d'une culture moderne, mais aussi d'essayer d'éliminer les préjugés. Il explique :

> « Dans l'opinion publique, la véritable finalité de la vie d'un Juif est de devenir riche. Rien de plus faux. Pour lui, devenir riche n'est qu'un moyen d'arriver à l'objectif ultime, mais jamais une fin en soi. Le souhait soi-disant propre au Juif, son idéal immanent, est d'atteindre le monde spirituel, un état culturel supérieur. » (ZWEIG (S), *Le Monde d'hier* 2016)

Pour contrer le préjugé selon lequel les Juifs ne veulent que s'enrichir, Zweig tente d'expliquer qu'en réalité, l'argent n'est qu'un moyen d'atteindre une supériorité spirituelle qui ne peut se faire qu'à travers les arts.

L'ART COMME VALEUR SUPRÊME

Tout au long de son autobiographie, Zweig ne cesse de revenir sur le thème de l'art. Ce dernier n'est pas seulement l'intérêt principal des Viennois, et de lui particulièrement, mais il remplit un double rôle. D'un côté, la poésie constitue une distraction de la politique pour la génération de Zweig. Celle-ci s'y attarde tellement qu'elle ne se rend pas compte des évènements extérieurs et qu'elle est prise par surprise lorsque la guerre éclate.

D'un autre côté, l'art est ce qui a pu sauver l'Autriche après la guerre. Seul l'art a su maintenir sa génération à flot dans les moments les plus difficiles : « Ce qui nous paraissait à une époque si important l'était encore plus aujourd'hui. Jamais en Autriche nous n'avions éprouvé un amour si intense pour l'art que pendant les années de chaos car, trompés par l'argent, nous nous étions rendus compte que seul ce que nous portions en nous pouvait durer pour l'éternité ». Alors que l'inflation et les pénuries font rage, les Autrichiens se rendent à l'opéra et au théâtre. Physiquement et mentalement blessés, ils savent que seul l'art peut alimenter leur esprit et les aider à garder espoir.

Par ailleurs, Zweig considère que l'écriture joue un rôle double dans sa vie. Elle constitue, d'une part, son seul et unique refuge et représente l'espace dont il a besoin pour garder sa liberté individuelle à l'époque de l'engouement pour la guerre et des nationalismes. D'autre part, l'écriture devient sa responsabilité éthique. Zweig n'arrête pas d'écrire pendant les deux guerres et rédige des œuvres en faveur du pacifisme et de l'union de l'Europe, car il considère que le travail fondamental des artistes est de préserver un engagement intellectuel et de le défendre coute que coute.

PISTES DE RÉFLEXION

QUELQUES QUESTIONS POUR AP-PROFONDIR SA RÉFLEXION...

- Considérez-vous Stefan Zweig comme un narrateur fiable ?
- Dans quelle mesure, et jusqu'à quel point, peut-on dire que ce texte constitue un récit fidèle de l'Europe du début du XXe siècle ?
- Pensez à vos connaissances sur les deux guerres mondiales. Dans quelle mesure se rapprochent-elles ou se différencient-elles des propos de Zweig ?
- Comment Zweig décrit-il les Allemands ? Êtes-vous d'accord avec ses descriptions ? Justifiez votre réponse.
- Ressentez-vous de l'empathie pour Zweig ? Justifiez votre réponse.
- D'après vous, que penserait Zweig du monde d'aujourd'hui ? Pensez-vous qu'il nous trouverait aussi naïfs que sa génération ?
- Quel rôle jouent les arts durant les deux époques les plus difficiles pour l'humanité ?

Justifiez votre réponse à partir des observations de Zweig.

- Pourquoi croyez-vous que Zweig ne parle presque pas de sa vie privée et davantage de sa vie publique ?

Votre avis nous intéresse ! Laissez un commentaire sur le site de votre librairie en ligne et partagez vos coups de cœur sur les réseaux sociaux !

POUR ALLER PLUS LOIN

ÉDITION DE RÉFÉRENCE

- Zweig S., *Le Monde d'hier*, Pais, Gallimard, coll « Folio essais », 2016.

ÉTUDES DE RÉFÉRENCE

- Wistrich R., *Stefan Zweig and 'The World of Yesterday'* dans *Stefan Zweig Reconsidered: New Perspectives On His Literary and Biographical Writings* de Mark H. Gelber, Tübingen : De Gruyter, 2007.

- Gelber M.H., *Stefan Zweig as (Austrian) Eulogist* dans *Stefan Zweig Reconsidered: New Perspectives On His Literary And Biographical Writings* de Mark H. Gelber, Tübingen : De Gruyter, 2007.

LECTURES RECOMMANDÉES

- Prater D., *European of Yesterday: A Biography of Stefan Zweig*, New York, Homes & Meier, 2003.

- Stanislawski M., *Autobiographical Jews: Essays in Jewish Self-Fashioning*, Seattle, University of Washington Press, 2004.

Retrouvez notre offre complète sur lePetitLittéraire.fr

- des fiches de lectures
- des commentaires littéraires
- des questionnaires de lecture
- des résumés

ANOUILH
- Antigone

AUSTEN
- Orgueil et Préjugés

BALZAC
- Eugénie Grandet
- Le Père Goriot
- Illusions perdues

BARJAVEL
- La Nuit des temps

BEAUMARCHAIS
- Le Mariage de Figaro

BECKETT
- En attendant Godot

BRETON
- Nadja

CAMUS
- La Peste
- Les Justes
- L'Étranger

CARRÈRE
- Limonov

CÉLINE
- Voyage au bout de la nuit

CERVANTÈS
- Don Quichotte de la Manche

CHATEAUBRIAND
- Mémoires d'outre-tombe

CHODERLOS DE LACLOS
- Les Liaisons dangereuses

CHRÉTIEN DE TROYES
- Yvain ou le Chevalier au lion

CHRISTIE
- Dix Petits Nègres

CLAUDEL
- La Petite Fille de Monsieur Linh
- Le Rapport de Brodeck

COELHO
- L'Alchimiste

CONAN DOYLE
- Le Chien des Baskerville

DAI SIJIE
- Balzac et la Petite Tailleuse chinoise

DE GAULLE
- Mémoires de guerre III. Le Salut. 1944-1946

DE VIGAN
- No et moi

DICKER
- La Vérité sur l'affaire Harry Quebert

DIDEROT
- Supplément au Voyage de Bougainville

DUMAS
- Les Trois
  Mousquetaires

ÉNARD
- Parlez-leur
  de batailles,
  de rois et
  d'éléphants

FERRARI
- Le Sermon sur la
  chute de Rome

FLAUBERT
- Madame Bovary

FRANK
- Journal
  d'Anne Frank

FRED VARGAS
- Pars vite et
  reviens tard

GARY
- La Vie devant soi

GAUDÉ
- La Mort du
  roi Tsongor
- Le Soleil des
  Scorta

GAUTIER
- La Morte
  amoureuse
- Le Capitaine
  Fracasse

GAVALDA
- 35 kilos d'espoir

GIDE
- Les
  Faux-Monnayeurs

GIONO
- Le Grand
  Troupeau
- Le Hussard
  sur le toit

GIRAUDOUX
- La guerre de
  Troie
  n'aura pas lieu

GOLDING
- Sa Majesté des
  Mouches

GRIMBERT
- Un secret

HEMINGWAY
- Le Vieil Homme
  et la Mer

HESSEL
- Indignez-vous !

HOMÈRE
- L'Odyssée

HUGO
- Le Dernier Jour
  d'un condamné
- Les Misérables
- Notre-Dame
  de Paris

HUXLEY
- Le Meilleur
  des mondes

IONESCO
- Rhinocéros
- La Cantatrice
  chauve

JARY
- Ubu roi

JENNI
- L'Art français
  de la guerre

JOFFO
- Un sac de billes

KAFKA
- La Métamorphose

KEROUAC
- Sur la route

KESSEL
- Le Lion

LARSSON
- Millenium I. Les
  hommes qui
  n'aimaient pas
  les femmes

LE CLÉZIO
- Mondo

LEVI
- Si c'est un
  homme

LEVY
- Et si c'était vrai…

MAALOUF
- Léon l'Africain

MALRAUX
- La Condition humaine

MARIVAUX
- La Double Inconstance
- Le Jeu de l'amour et du hasard

MARTINEZ
- Du domaine des murmures

MAUPASSANT
- Boule de suif
- Le Horla
- Une vie

MAURIAC
- Le Nœud de vipères

MAURIAC
- Le Sagouin

MÉRIMÉE
- Tamango
- Colomba

MERLE
- La mort est mon métier

MOLIÈRE
- Le Misanthrope
- L'Avare
- Le Bourgeois gentilhomme

MONTAIGNE
- Essais

MORPURGO
- Le Roi Arthur

MUSSET
- Lorenzaccio

MUSSO
- Que serais-je sans toi ?

NOTHOMB
- Stupeur et Tremblements

ORWELL
- La Ferme des animaux
- 1984

PAGNOL
- La Gloire de mon père

PANCOL
- Les Yeux jaunes des crocodiles

PASCAL
- Pensées

PENNAC
- Au bonheur des ogres

POE
- La Chute de la maison Usher

PROUST
- Du côté de chez Swann

QUENEAU
- Zazie dans le métro

QUIGNARD
- Tous les matins du monde

RABELAIS
- Gargantua

RACINE
- Andromaque
- Britannicus
- Phèdre

ROUSSEAU
- Confessions

ROSTAND
- Cyrano de Bergerac

ROWLING
- Harry Potter à l'école des sorciers

SAINT-EXUPÉRY
- Le Petit Prince
- Vol de nuit

SARTRE
- Huis clos
- La Nausée
- Les Mouches

SCHLINK
- Le Liseur

SCHMITT
- La Part de l'autre
- Oscar et la
  Dame rose

SEPULVEDA
- Le Vieux qui
  lisait des romans
  d'amour

SHAKESPEARE
- Roméo et Juliette

SIMENON
- Le Chien jaune

STEEMAN
- L'Assassin
  habite au 21

STEINBECK
- Des souris et
  des hommes

STENDHAL
- Le Rouge et
  le Noir

STEVENSON
- L'Île au trésor

SÜSKIND
- Le Parfum

TOLSTOÏ
- Anna Karénine

TOURNIER
- Vendredi ou
  la Vie sauvage

TOUSSAINT
- Fuir

UHLMAN
- L'Ami retrouvé

VERNE
- Le Tour
  du monde
  en 80 jours
- Vingt mille
  lieues sous
  les mers
- Voyage au
  centre de
  la terre

VIAN
- L'Écume des jours

VOLTAIRE
- Candide

WELLS
- La Guerre des
  mondes

YOURCENAR
- Mémoires
  d'Hadrien

ZOLA
- Au bonheur
  des dames
- L'Assommoir
- Germinal

ZWEIG
- Le Joueur
  d'échecs

L'éditeur veille à la fiabilité des informations publiées, lesquelles ne pourraient toutefois engager sa responsabilité.

© LePetitLittéraire.fr, 2017. Tous droits réservés.

www.lepetitlitteraire.fr

ISBN version numérique : 9782808003629
ISBN version papier : 9782808003636

Dépôt légal : D/2017/12603/711

Conception numérique : Primento,
le partenaire numérique des éditeurs.

Ce titre a été réalisé avec le soutien de la Fédération Wallonie-Bruxelles, Service général des Lettres et du Livre.